国家出版基金项目
NATIONAL PUBLICATION FOUNDATION

记住乡愁

——留给孩子们的中国民俗文化

刘魁立◎主编

传统节日辑（一）

七夕节

本辑主编 刘晓峰

刘宗迪◎编著

北 黑龙江少年儿童出版社

编委会

序

　　亲爱的小读者们，身为中国人，你们了解中华民族的民俗文化吗？如果有所了解的话，你们又了解多少呢？

　　或许，你们认为熟知那些过去的事情是大人们的事，我们小孩儿不容易弄懂，也没必要弄懂那些事情。

　　其实，传统民俗文化的内涵极为丰富，它既不神秘也不深奥，与每个人的关系十分密切，它随时随地围绕在我们身边，贯穿于整个人生的每一天。

　　中华民族有很多传统节日，每逢节日都有一些传统民俗文化活动，比如端午节吃粽子，听大人们讲屈原为国为民愤投汨罗江的故事；八月中秋望着圆圆的明月，遐想嫦娥奔月、吴刚伐桂的传说，等等。

　　我国是一个统一的多民族国家，有 56 个民族，每个民族都有丰富多彩的文化和风俗习惯，这些不同民族的民俗文化共同构筑了中国民俗文化。或许你们听说过藏族长篇史诗《格萨尔王传》

中格萨尔王的英雄气概、蒙古族智慧的化身——巴拉根仓的机智与诙谐、维吾尔族世界闻名的智者——阿凡提的睿智与幽默、壮族歌仙刘三姐的聪慧机敏与歌如泉涌……如果这些你们都有所了解，那就说明你们已经走进了中华民族传统民俗文化的王国。

你们也许看过京剧、木偶戏、皮影戏，看过踩高跷、耍龙灯，欣赏过威风锣鼓，这些都是我们中华民族为世界贡献的艺术珍品。你们或许也欣赏过中国古琴演奏，那是中华文化中的瑰宝。1977年9月5日美国发射的"旅行者1号"探测器上所载的向外太空传达人类声音的金光盘上面，就录制了我国古琴大师管平湖演奏的中国古琴名曲——《流水》。

北京天安门东西两侧设有太庙和社稷坛，那是旧时皇帝举行仪式祭祀祖先和祭祀谷神及土地的地方。另外，在北京城的南北东西四个方位建有天坛、地坛、日坛和月坛，这些地方曾经是皇帝率领百官祭拜天、地、日、月的神圣场所。这些仪式活动说明，我们中国人自古就认为自己是自然的组成部分，因而崇信自然、融入自然，与自然和谐相处。

如今民间仍保存的奉祀关公和妈祖的习俗，则体现了中国人崇尚仁义礼智信、进行自我道德教育的意愿，表达了祈望平安顺达和扶危救困的诉求。

小读者们，你们养过蚕宝宝吗？原产于中国的蚕，真称得上伟大的小生物。蚕宝宝的一生从芝麻粒儿大小的蚕卵算起，中间经历蚁蚕、蚕宝宝、结茧吐丝等过程，到破茧成蛾结束，总共四十余天，却能为我们贡献约一千米长的蚕丝。我国历史悠久的养蚕、丝绸织绣技术自西汉"丝绸之路"诞生那天起就成为东方文明的传播者和象征，为促进人类文明的发展做出了不可磨灭的贡献！

小读者们，你们到过烧造瓷器的窑口，见过工匠师傅们拉坯、上釉、烧窑吗？中国是瓷器的故乡，我们的陶瓷技艺同样为人类文明的发展做出了巨大贡献！中国的英文国名"China"，就是由英文"china"（瓷器）一词转义而来的。

中国的历法、二十四节气、珠算、中医知识体系，都是中华民族传统文化宝库中的珍品。

让我们深感骄傲的中国传统民俗文化博大精深、丰富多彩，课本中的内容是难以囊括的。每向这个领域多迈进一步，你们对历史的认知、对人生的感悟、对生活的热爱与奋斗就会更进一分。

作为中国人，无论你身在何处，那与生俱来的充满民族文化DNA 的血液将伴随你的一生，乡音难改，乡情难忘，乡愁恒久。这是你的根，这是你的魂，这种民族文化的传统体现在你身上，是你身份的标识，也是我们作为中国人彼此认同的依据，它作为一种凝聚的力量，把我们整个中华民族大家庭紧紧地联系在一起。

《记住乡愁——留给孩子们的中国民俗文化》丛书，为小读者们全面介绍了传统民俗文化的丰富内容：包括民间史诗传说故事、传统民间节日、民间信仰、礼仪习俗、民间游戏、中国古代建筑技艺、民间手工艺……

各辑的主编、各册的作者，都是相关领域的专家。他们以适合儿童的文笔，选配大量图片，简约精当地介绍每一个专题，希望小读者们读来兴趣盎然、收获颇丰。

在你们阅读的过程中，也许你们的长辈会向你们说起他们曾经的往事，讲讲他们的"乡愁"。那时，你们也许会觉得生活充满了意趣。希望这套丛书能使你们更加珍爱中国的传统民俗文化，让你们为生为中国人而自豪，长大后为中华民族的伟大复兴做出自己的贡献！

亲爱的小读者们，祝你们健康快乐！

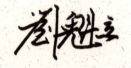

二〇一七年十二月

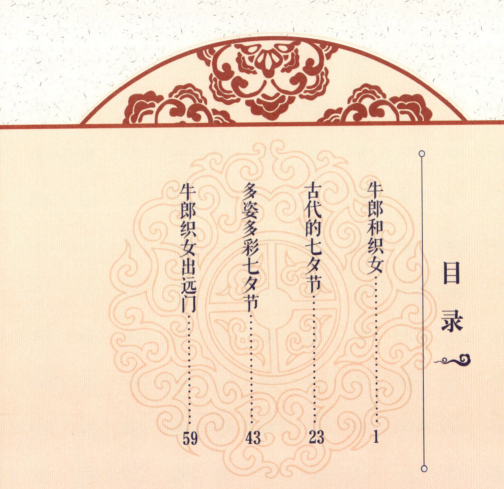

目 录

牛郎和织女

| 牛郎和织女 |

一、牛郎织女的故事

关于牛郎织女的故事，大概每个小朋友都在农历七月初七的夜晚听自己的父母或别的长辈讲过：

从前有个穷小子，父母双亡，哥哥和嫂子给了他一头老牛便将他扫地出门，从此他就过上了和老牛相依为命的苦日子，乡亲们因此称他为牛郎。

牛郎一年一年地长大，到了该娶媳妇的年龄，可是，牛郎穷得叮当响，没有人家会把闺女嫁给他。有一天，牛郎正在放牛，老牛突然开口说话了，他告诉牛郎一个秘密，说自己本是天上金牛

|杨柳青年画牛郎盗衣|

星下凡。他对牛郎说，每年七月七，天上的仙女们都会下凡来到河里洗澡，到时候只要将其中一个仙女的羽衣悄悄偷走，等到仙女上岸找他来讨羽衣时，趁机向她求婚，她就会答应。牛郎按照老牛说的去做了，结果还真让他娶到一个如花似玉的仙女。这位仙女就是天上的织女。

有了这位仙女妻子之后，牛郎的生活渐渐脱离了窘境。两人相亲相爱，过着"你耕田来我织布"的日子，不久他们就有了一对儿女，一家四口的生活更是其乐融融。

又过了很久，突然有一天老牛又说话了，他告诉牛郎自己将不久于世，并嘱咐牛郎在他死后把牛皮剥下来保存好，将来在危难关头自会派上用场。说完这些话老牛就咽气了，牛郎强忍着悲痛将牛皮剥下细心保存，然后埋葬了朝夕相伴的老牛。

老牛死后的一天，牛郎正在地里干活，两个孩子哭着跑来跟爸爸说，妈妈被一群天上来的人给抓走了。原来，织女私自下嫁人间的事传到了王母娘娘的耳朵里，她听闻此事勃然大怒，立即派天兵天将把织女抓回了天庭。牛郎回家一看，果然不见织女踪影，牛郎心中又是着急又是害怕。就在这时，他突然想起老牛的临终嘱咐，于是，将牛皮披在身上，又用担子挑起两个孩子，没想到立马脚下生风飞上了天，腾云驾雾地向掳走织女的天兵天将追去。

眼看快要追上了，天庭上的王母娘娘却发现了牛郎，她抽出头上的金簪，在牛郎和天兵天将之间一挥，只见一道金光闪过，原本空无一物的天空中竟出现一条波涛滚滚的大河，拦住了牛郎的去路。牛郎看着织女的身影渐渐远去，心中满是悲痛，从此在河东日夜眺望，河西的织女也心心念念地想着丈夫和儿女，于是两人就隔着浩渺的大河，无语相望，却又无法相聚。

后来，玉皇大帝看这一家子不能团圆实在可怜，就

| 杨家埠年画王母画天河 |

| 杨家埠年画王母画天河 |

| 剪纸鹊桥会 |

| 聊城东昌年画 |

恩准他们在每年七月初七这天可以见上一面，可是又因为这大河宽阔无比，难以横渡，于是又命天下所有喜鹊在这一天为两人搭桥。据说，七夕当天，在人间很难见到喜鹊的影子，原来它们都为牛郎织女搭桥去了。

如果恰逢一个晴朗无云、满天星斗的夜晚，抬起头来，仰望头顶上的星空，就不难找到那条烟波浩渺的天河，再仔细看看，就能看见两颗明亮的星星隔着天河遥相呼应，河西边那颗最亮的是织女，旁边两颗较暗的就是她的纺车，附近另外四颗暗暗的星星就是她纺线时手中的梭子；在河对岸，织女的东南方，则有一大两小一字排开的三颗星，中间那颗最亮的就是牛郎，旁边两颗小的就是他用扁担挑着的两个孩子，因此，有些地方的老百姓又把这三颗星叫作扁担星。

｜杨家埠年画牛郎会｜

二、不一样的牛郎和织女

上面说的牛郎织女的故事大概是每个小朋友都熟悉的版本，这个故事曾经被编入语文课本，所以非常流行。其实，这并非牛郎织女故事的唯一版本，除此之外，在不同时代、不同地方，还流行很多不同讲法的牛郎织女的故事。故事一旦产生，就会像一粒种子似的随风飘散，在不同的地方生根发芽，开枝散叶，让原本单纯的故事变得越来越花样翻新，以至于演变出了许多不同的版本。纵观牛郎织女的各种传

｜朱仙镇年画天河配｜

说，无不以这对恩爱夫妻天各一方、一年只能相会一次的情节为核心，但在有些故事里，这对夫妻分离的原因却不尽相同。

在隋代学者杜公瞻笔

下，牛郎织女分离的原因就和大部分人所知的大不相同。他写道："牵牛娶织女，借天帝二万钱下礼，久不还，被驱在营室中。"这里的牛郎不仅是个穷光蛋，还是一个欠债不还的无赖汉，天帝讨不回钱，一气之下把他赶出天宫，到营室去盖房子，成了可怜的打工仔。这里说的营室，也是一个星宿的名字，就是二十八星宿之一的室宿，它在夜空中的位置离牵牛星不远。

有人说牛郎织女被拆散是因为牛郎懒惰无能，还有人把这归咎于织女擅离职守。现在我们都以为织女是一位貌美如花、蕙质兰心的仙女，但在梁朝殷芸的书中，她却是一个好吃懒做的懒婆娘。据说，织女本来是一位勤奋的仙女，日夜忙着织布，无暇梳妆打扮，一把年纪了也没哪个男子愿意娶她为妻，天帝可怜她，就把她许配给了人间的牛郎。没成想，织女嫁了牛郎以后，只顾着男欢女爱，却把自己织布的工作全都抛在了脑后，天帝

| 临汾年画天河配 |

见状甚是生气，就命令她回到河西继续织布，每年只准见牛郎一面。

这两种说法出现得很早，但他们把牛郎织女的分离，归咎于牛郎织女的懒惰，而为天宫的统治者天帝和王母娘娘开脱，显然不受富于同情心的老百姓们的欢迎，所以这两个故事后来没有流传开来。千百年来，老百姓心目中的牛郎织女一直就是既勤劳又恩爱的劳动者形象。

三、两颗星星得美名

星空，对于人们来说再熟悉不过，我们从梵高的油画中看满天星光熠熠，从星空照片中观察星星在苍穹中的足迹，甚至在天文馆的人造星空下漫步徜徉……可是，我们对星空却又无比陌生，世间弥漫的尘埃与缭乱

| 星空 |

的灯火不仅迷乱了我们仰望星空的眼睛，也堵塞了我们倾听宇宙旋律的耳朵，当我们偶然侧耳倾听时，竟已不知那些夜空中的精灵们想要向我们诉说什么。

古时候的人们却比现在的我们厉害得多，他们不仅认识星座，还能听懂星星的语言。那时候，在海上漂泊的水手和在草原上放牧的牧民每每向星星问路，星星是夜空中的路标，总会告诉他们应该去往何方；在土地上辛勤耕作的农民结束了一天的农活，黄昏时分锄禾归来，夜晚，仰望星空，熟悉的星星会告诉他们现在是什么时节，提醒他们何时播种何时收获。星星为了让人们有条不紊地生活，一年四季按照恒定的节奏不停地在夜空中奔波流转，每到一年的同一个日子，同一颗星星都会出现在夜空中的同一个地方。人们把星星视为天上的众神，为了报答众神的启示与庇佑，古人每年都在特定的时间向它们献祭，并为它们编织了许许多多美丽的传说。随着时光流转，一代又一代人逝去，人类似乎离星空越来越遥远，对星星越来越陌生，那些曾经脍炙人口、妇孺皆知的老故事也逐渐被遗忘了。好在任凭人间风云变幻，我们头顶上的星空永远也不会改变，每到特定的季节，那几颗耀眼的星星总会适时地蹦出来，吸引我们的目光，提醒我们想起那个最古老的故事。

牛郎织女会天河的故事，世世代代被人们传诵，

两人的爱情悲剧，在文人墨客的诗文词赋中也早已耳熟能详，牛郎星和织女星也因此在人们心中闪耀了千百年。不过，早在牛郎织女的故事被人们熟知之前，夜空中就已是星河高悬了，那时没有牛郎织女的故事，只有天上两颗无名的星星，那么它俩又是如何成为了人们口中的牛郎星和织女星的呢？

让我们先来说说织女星。

织女星是北半球夜空中第二明亮的恒星，在夜空中是排名第五的亮星。由于织女星位于赤纬大约 39° 的位置，正对应北方中纬度（中国大部分地区所在的纬度）地区的天顶，因此，在北方中纬度地区，每年很长一段时间内，人们一抬头，一眼就能辨认出正上方那颗最耀眼的星星，它正在满天繁星中散发温柔的清辉，静静守望着人间。

正是因为织女星在北方夜空中的地位引人注目，使之成为诸多古老民族瞩目的明星，像我们的祖先一样，他们也纷纷赋予它响亮的名字。

最早为这颗星命名的是生活在伊拉克两河流域的人们，这里是全世界最古老文明的发祥地，古希腊人称这里为美索不达米亚（Mesopotamia），意为"河流之间的地方"，这两条河流就是幼发拉底河和底格里斯河。在这里，北方的亚述人称织女星为Dayan-same，意思是"天堂判官"，而南方的阿卡德人则称之为Tir-anna，意思是"天堂之魂"，这样的命名暗示了织女星在天空中拥有着崇高的

天琴座

地位。同样在此地区，后来的巴比伦人又给织女星起名叫Dilgan，意为"光的信使"，这无疑是在说它那夺目的光辉。在古波斯拜火教经典中，织女星又被称为Vanant，意为"征服者"，古波斯人心目中的它俨然又成为了群星中的王者。而埃及、古印度的天文学家不约而同地把织女星想象成了雄踞于天顶，以王者姿态俯瞰人间的雄鹰或是秃鹫。在古希腊神话中，织女星也有它的一席之地，它是天琴座中最亮的一颗星，正好位于琴柄位置，这把琴是古希腊神话人物俄耳甫斯的里拉琴。俄耳甫斯的母亲是诸神中司管文艺的缪斯女神，而继承了女神基因的他自小就是个音乐天才，只要他一拨动琴弦，飞

禽走兽甚至是花草树木都为那美妙的乐声倾倒。不过，在古希腊早期的星图中，这个星座却是一只秃鹰的形象，古希腊人认为这个星座

| 缪斯女神 |

是由勇士赫拉克勒斯杀死的斯廷法利斯湖怪鸟所化。把织女星想象成秃鹰，这或许是由于受到了东方文化的影响。在现代英语中，织女星的名字是 Vega，意思是"夏夜的女王"，但这个词最初并不是英语词汇，它原本写作 Wega，源于阿拉伯文的 wāqi 一词，也是"鹰鹫"之意，看来，阿拉伯人对织女星的想象也受到了古埃及和古印度的影响，而欧洲人又被阿拉伯人影响。

世界上的其他民族几乎都曾把织女星想象成了傲视

| 雄鹰 |

群星的王者或雄鹰，不过生活在我们中华大地的先民却一个个温和内敛，享受着平静安稳的田园生活，于是他们就把那散发着迷人清辉的星星想象成了柔情似水的仙女。且这个仙女可不像西方的其他神仙那般高高在上，不食人间烟火，她不仅温柔可亲，还是个心灵手巧的勤劳纺织娘，她总是坐在纺车前，手中梭子来回飞舞，不一会儿便织就一匹精致的锦缎。那么，古人为什么把这颗星星想象为一位纺织娘呢？古人可不是随随便便就把织布的活儿扔给了它，因为在成千上万的星星中，织女这个职位可是非它莫属的。

在很久以前，我们的祖先就学会了利用星星的出

| 纺织机 |

| 梭子 |

没、升降判断季节、安排生活和生产。在古书中有很多这方面的记载，每天拂晓或黄昏，人们观察在东方地平线上出现的星星，看到什么星星出现了，就知道是什么

| 年画《女十忙》 |

季节了。又因为中国地处北半球，古人盖房子都是坐北朝南，门户朝南开，出得门来，抬头看到的就是南方的夜空，所以中国人习惯观察在正南方或正上方出现的星星以判断季节。古时候，每到夏秋之交的农历七月，每天夜幕降临之后，织女星正好运行到头顶，这时候，人们只要一抬头，就能看到熠熠生辉的织女星，于是他们就将这一星象作为初秋七月来临的标志。

农历七月正是秋意初起之时，七月的第一个节气就是立秋，立秋的意思就是秋天开始了。这时候，天气开始慢慢转凉，虽未到秋收大忙时节，但女人们就要忙碌起来了，因为天气一冷，人们就要添衣御寒，所以，这

时候妇女们开始纺线织布，准备赶制寒衣了，这样才能保证一家人安然度过寒冷的秋冬季节。明白了这个道理，就知道这颗星为什么叫织女星以及织女星为什么要夜以继日地摇动纺车织布了吧！古人把这颗星命名为织女星，就是要告诉女人们，当看到这颗星上升到天顶时，就该织布了。

小朋友们都见过蟋蟀吧，没有见过，也听过蟋蟀叫，每到秋风送爽的时候，窗外的墙角、草丛、树根等处，就会传来蟋蟀弹琴一般的鸣叫声。蟋蟀还有一个名字，叫促织，为什么蟋蟀又叫促织呢？因为蟋蟀在七月才开始鸣叫，当传来一阵紧似一阵的蟋蟀叫声时，就是该开始织布的时候了，女人们辛苦的时节到来了，所以蟋蟀就被称为促织，是催促女人织布的意思。在古代有一句谚语说"促织鸣，懒妇惊"，意思是说，听到促织叫，懒女人就心惊，偷懒的日子到头了，也说明促织开始鸣叫的七月，正是女人开始忙碌织布的季节。

天上织女星，地上促织鸣，人间纺织娘，就这样与七月纺织季节联系在了一起，又都因为纺织而获得了名字，他们共同构成了一幅诗意的秋夜纺织图景。

织的布匹又多又好，就这样，织女星成了人间纺织娘们的守护神。

了解了"促织鸣，懒妇惊"的故事，再让我们说说七夕节的来历——七夕节时值七月初，在古时候又叫乞巧节，节日里最重要的活动就是乞巧，所谓乞巧，顾名思义，就是祈求心灵手巧的意思。自古至今，七夕节的主角一直就是女性，只有手巧的女子才能织出紧密厚实的布匹，也只有这样的布才能抵得住瑟瑟寒风。古时候，每到七月纺织开始之前，女人们就要向天上的织女星献上瓜果梨枣之类的祭品，求织女星保佑自己

说了这么多，好像跟牛郎全无关系，也许古人觉得织女一个人默默织布不免凄凉寂寥吧，而且心灵手巧的姑娘总少不了心地善良的男子陪伴，所以，古人们就为织女配了牛郎，牛郎也是天上的一颗星，就是天文学上的牛郎星。

七月的夜晚，当织女星升上头顶的时候，朝织女星东南的方向看，在银河对面有一颗明亮的星星，尽管比织女星亮度稍暗一些，但在满天繁星中也很醒目，这就是牛郎星。在它的两旁还有两颗稍暗的星，一颗星为河鼓一，一颗星为河鼓三，这两颗星被视为牛郎的孩子，

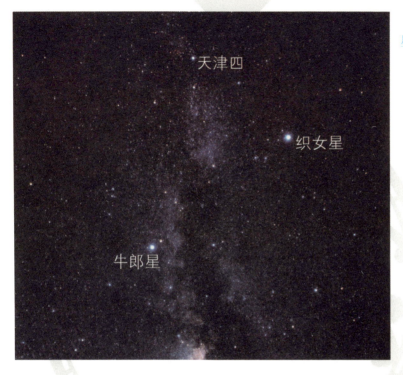

｜星空中的牛郎星与织女星｜

牛郎星也称为河鼓二，三颗星一字排开，在夜空中格外耀眼。

　　牛郎星，在西方天文学中属于天鹰座，它是夜空中排名十二的明亮恒星，又恰好跟织女星隔河相望，十分引人注目。牛郎星与天琴座的织女星，天鹅座的天津四合称夏季大三角。

　　这颗星名叫牛郎星，又被人称为"牵牛星"。那么，这颗星星为什么又被称为牵牛星呢？人们如此命名的用意何在呢？古代天文书上说"牵牛为牺牲"，"牺牲"是祭品的意思，指祭祀的时候献给神灵的祭品。牛是人

| 南阳汉画像牵牛星 |

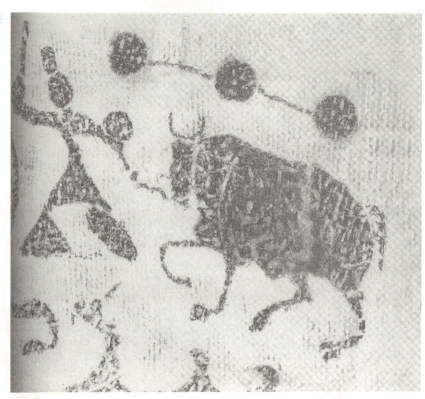

类饲养的比较大的动物，牛肉味道鲜美，古人认为天上的神也跟人类一样，喜欢吃牛肉，所以每到过年过节的时候，为了向神感恩，古人就会宰杀小牛奉献给神。但是，杀牛供神，跟牵牛星又有什么关系呢？要知道，古时的祭祀是一件极为严肃庄重的事情，所以献祭用的牛必须是当年出生的小牛犊。中秋八月，是地里庄稼收获的季节，也是牛犊膘肥体壮的时候，这个时候，朝廷要举行一年一度的"巡牲"仪式，即天子亲自巡察牲畜，

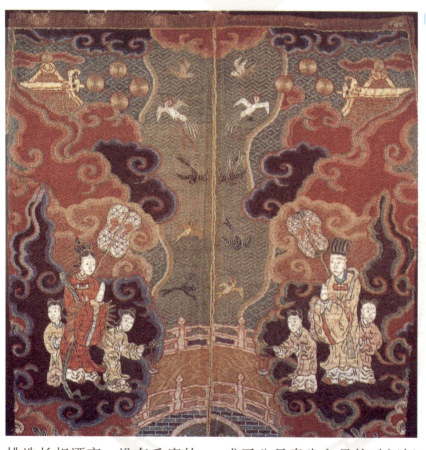

挑选长相漂亮、没有毛病的牛犊作为献祭之用，负责饲养牲畜的人把牛犊挨个儿牵出来让天子过目，所以八月也叫牵牛之月。而这个时候，天上的那颗牵牛星正好运转到了正南方，所以这颗星就成了八月牵牛之月的时间标志。古人只要看到这颗星升到了正南方，就知道该是举行牵牛"巡牲"仪式的时候了，所以这颗星就被命名为"牵牛星"。

明白了织女星和牵牛

星得名的缘由，也就容易理解牛郎织女故事的来历了。织女星在银河西，牵牛星在银河东，牵牛星永远比织女星升起来得晚。每年七月，当织女星已经升到天顶的时候，牵牛星还低垂在东南方的夜空，一个月之后，当牵牛星终于升上天顶的时候，织女星却已经垂向西方的夜空了。牵牛星和织女星之间，永远隔着一条浩浩荡荡的天河，牵牛星尽管紧随织女星后面，但却永远也追不上织女星的步伐，注定了只能天各一方，脉脉相望。古诗里说"迢迢牵牛星，皎皎河汉女……盈盈一水间，脉脉不得语。"说的就是这个道理，而牛郎织女相望不相见的故事也由此演化而来。

古代的七夕节

| 古代的七夕节 |

一、七夕佳节何时起?

牛郎织女的故事和七夕乞巧的习俗流传千古,但并不意味着七夕节也和牛郎织女的故事同时而起。因为在很久以前,人们靠日月星辰判断时间,靠花开花落、候鸟迁徙判断节气。见到河里的冰融化了,就知道春天快来了;见到燕子回来了,就知道大概是二月份了;见到大雁南飞了,就知道是深秋了……那时候,还没有现在这样的日历,没有日历,也就没有初一、初二、初三之类的日期概念,因此也不会有七月初七这个日期,也不会有七夕节。

中国现存最早的一部传统农事历书是《夏小正》,作者已不可考,据说它所记载的是夏代的历法。此书把一年分为十二个月,记载了每个月不同的物候、星象、农事,在其中的七月份就提到了织女星,说明在《夏小正》产生的时代,中国人就已经关注织女星了。那时候也许已经有了乞巧的风俗,但肯定还没有七夕节,因为整篇《夏小正》都没有提到一个具体日期,所以七月初七这一日期也就无从谈起。

那么,中国人是从什么时候开始过七月初七的呢?根据有些书的记载,似乎西汉时期，人们就开始过七月初七了，比如《西京杂记》这本书里面说，西汉的女孩到了七月初七这天都会到开襟楼穿针乞巧。其实，在西汉时期，不会有七月初七这回事，因为那时候的历书中，根本没有七月初七这个日期。

为什么我们断定西汉的历书中没有七月初七这个日期呢？其实道理很简单，中国古代历书的纪日法跟我们现在通行的纪日法不一样，我们现在用 1、2、3、4……这些数目字依次给每个月中的日期编号，一个月的第一天称 1 号，第二天称 2 号，等等，古人却不用数目字，而是用天干地支给日期编号，天干有甲、乙、丙、丁、戊、己、庚、辛、壬、癸；地支有子、丑、寅、卯、辰、巳、午、未、申、酉、戌、

| 七月七年画 |

亥，十个天干和十二个地支相匹配，就是所谓六十甲子，用来为日期编号，从甲子开始到癸亥结束，六十天为一个循环，循环记录，这种纪日法当然不会有七月初七这个日期了，因此也不会有七夕节这个节日。

但到了西汉末年，用数目字纪日的方法渐渐开始出现，到了东汉时期，就变得十分流行了。数目字纪日法取代干支纪日法，原本日期不固定的节日，包括乞巧节，也固定了下来，我们现在过的一些节日，比如二月二、三月三、五月五、七月七、九月九等，都是在那时候开始确立的。东汉学者崔寔在《四民月令》中就提到了七月七的日期，说明那时候七月七确实已经成为了一个特定风俗的固定节日。到魏晋时期，七月七过乞巧的风俗就常见于史书记载了。因此，我们可以说，中国人是从东汉时期才开始过七夕节的。

二、文人墨客过七夕

七夕的主要风俗是乞巧，原本是一个女性的节日，但后来男人们也来凑热闹，在七夕这天晒书。因为七月是由夏入秋的交界点，潮湿闷热的夏天刚刚过去，空气中湿热渐退，取而代之的是舒适凉爽的秋风，此时晒书、晒衣服有利于保持干燥，不至于发霉生虫。魏晋时期在七夕晒衣服、晒书就已经成为当时的一种习俗了。

然而有些人偏偏就是不晒书，在别人忙里忙外搬书、晾衣的时候，他却躺在自家院子里晒肚皮。《世说新语》中说，在某年七月七的时候，东晋名士郝隆无所事事地躺在自家宅院里，袒露着肚皮晒太阳，路过的行人看到他这样子都觉得十分诧异，于是就有人上前问他："你怎么在这儿躺着？"他却回答说："我在晒书。"——原来他这是在炫耀啊！别人一肚子鱼肉，而自己是一肚子学识，所以只要晒晒肚子就可以了。

同样是在《世说新语》中，还有另外一个故事，阮咸与叔叔阮籍同为"竹林七贤"，两人虽是隔街而望的

邻居，但是阮籍家里大富大贵，他家里却一贫如洗。每到七月初七，家家户户都要晒衣裳，阮籍家里晒出来的都是绫罗绸缎，虽是应应七夕的景，但更重要的其实是炫富。阮咸见状心里十分愤懑，他连一件像样的衣裳都晒不出来，于是就拿了根竿子把自己的大裤衩子挂在上面，还把竿子立在院子里。大裤衩子就像一面旗帜一样迎风飞舞，路人看见了都吃了一惊。阮咸就解释道："既然免不了俗，那就只有从俗了。"

上面这两位口口声声说

| 竹林七贤 |

是从俗，一副自恃清高的样子却弄得人人吃惊，不过无论他们怎么不情愿，也不能免俗，而且，大部分有头有脸的文人墨客过七夕节时还是乐在其中的。

文人过七夕，无非就是作作诗。南朝时，以七夕为题材的诗作多得让人目不暇接，宫廷诗是此时的主流诗歌，皇帝也要时不时地赋诗几首，但这些宫廷诗人大多是作些靡靡之音，写不出什么惊世骇俗的诗句。陈朝的亡国皇帝陈叔宝就作过好几首咏七夕的诗歌，被唐朝诗人杜牧称为"亡国之音"的《玉树后庭花》就出自这位皇帝之手。

三、拜星乞巧喜蛛报

七夕节从乡野之间传到了庙堂之上，看起来高雅了些，可是缺少了些俗韵，富有生活情趣的老百姓可比整天舞文弄墨的人会过节。

前文就已经提到，乞巧是七夕节最重要的风俗，现存记载中，我们可以看到乞巧活动在三国时期就已经非常流行。织女是专掌纺织的神仙，最初女子们向它祈愿只是希望自己能像织女一样心灵手巧。不过在我们凡人的心目中，总觉得神仙就是上天入地无所不能的，于是渐渐地人们开始祈求织女满足他们的各种愿望。西晋周处的《风土记》一书记载了当时的七夕风俗，每到七月初七，家家户户都要打扫庭院，在庭院中安置供桌，桌上摆上酒肉、瓜果，撒上香粉，祭献牵牛星、织女星。

| 溥儒《喜蛛图》|

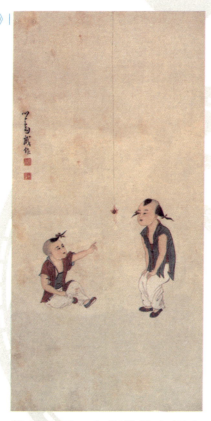

祭献之后，人们纷纷向织女许愿，除了乞巧，还可以祈求发财、祈求长寿、祈求子孙满堂。《风土记》对于七夕节风俗的记载已经样样俱全，可见，这时过七夕节早已不是什么新鲜事了。

到了南朝的时候，根据梁朝学者宗懔在《荆楚岁时记》中的记载，女子们乞巧已经不是仅仅许个愿这么简单的事了，最重要的是要穿针引线，大秀一把自己的女红功夫。乞巧用的针线不是一般的针线，针是七孔针，线是五彩线，而且还要在夜色之下穿针，这不仅考验手上功夫，更考验眼力。这时候出现了一种有趣的乞巧方式，七夕之夜把瓜果摆放在庭院中，第二天早晨，如果看到有蜘蛛在瓜果上结网，

| 任伯年《乞巧图》|

就说明乞到巧了，这个蜘蛛又被称为喜蛛。还有一种说法是，看蛛网的疏密来判断得巧与否。喜蛛是一种小蜘蛛，学名叫蟏蛸，腿生得细细长长，在乡下的老房子里经常能看到，最喜欢在墙角壁缝筑巢结网。

| 齐白石绘《喜蛛图》 |

四、皇室贵族也乞巧

唐朝是中国历史上国力最为强盛的一个朝代，到所谓"开元盛世"更是达到极盛，当此衣食丰足、太平安乐，七月初七乞巧节也变得格外热闹。崔颢《七夕词》就向我们展现了唐代都城长安七夕之夜家家乞巧、户户穿针的节日盛况：

| 梦长安 |

长安城中月如练，
家家此夜持针线。
仙裙玉佩空自知，
天上人间不相见。
长信深阴夜转幽，
瑶阶金阁数萤流。
班姬此夕愁无限，
河汉三更看斗牛。

这家家户户，不仅是指一般老百姓，连皇室也不例外。

白居易的《长恨歌》想必大家都听说过，讲的是唐玄宗和杨贵妃的爱情故事，其中有一句："七月七日长生殿，夜半无人私语时。"诗人笔下描写的是两人幽会的场景，不过在另一本书《开元天宝遗事》中，则记载了两人一同过七夕的热闹场面。每到七夕之夜，唐玄宗与杨贵妃都要在华清宫内游宴，宫女们在庭中摆上美酒

华清池

瓜果，以求牛郎织女赐福。并且捉来小蜘蛛放入盒中，等待它们在里面结网，然后开盒观之，蛛网密的则得巧。另外，在宫中还要搭设一座华丽的彩楼，彩楼上可以容纳数十人，在楼上摆好祭祀之物，宫中女子们要到上面穿针乞巧，旁边还有宫廷乐师吹拉弹唱，奏乐助兴。上行下效，当时的老百姓也学着他俩的排场过七夕节。

在那些一本正经的史家眼里，唐玄宗本是明君，杨贵妃是蛊惑他的红颜祸水，不过诗人却更乐于描写两人山盟海誓的故事，一曲《长恨歌》成了千古绝唱，七夕节也因唐玄宗和杨贵妃多了一层异样情韵。

在唐代后宫，除了杨贵妃，热衷于拜星乞巧的嫔妃大有人在，唐高宗的宠妃徐婕妤就把七夕过得别出心裁。据古书记载，七夕这天，徐婕妤会用菱藕雕刻许多精巧的小物件，唐高宗见了格外欢喜，赐给这个手巧的妃子无数珍宝，还命人把这些小物件藏在宫中各处，让后宫中的女眷们自己去寻找，以多寡记胜负，找到多的就是乞到巧了。比起唐玄宗、杨贵妃的铺张浪费，这种有趣的庆祝方式更值得民间学习。

南唐后主李煜是个出名的才子，自然有些浪漫情怀，每到七夕节，李后主都命人在宫中悬挂百匹红白绫罗，象征天河，并且张灯结彩，装点"夜空"，然后嫔妃宫女就在这"夜空"之中翩翩起舞，争奇斗艳。

据说南唐被宋朝灭了以后，李煜变成宋朝的囚徒，到了七夕，怀念起自己当皇帝时的快乐时光，写下了有名的《虞美人》：

春花秋月何时了？往事知多少。小楼昨夜又东风，故国不堪回首月明中。

雕栏玉砌应犹在，只是朱颜改。问君能有几多愁？恰似一江春水向东流。

这首词被北宋皇帝赵匡胤知道了，认为李煜还念念不忘他的"旧国"，唯恐他造反，不久之后就找了个借口把他给杀了。

纵观这些把七夕节过得风生水起的皇帝，从南朝陈后主，到唐朝李后主，虽然都很会玩，会过节，却都没把国家治理好，最后都落个国破家亡、身败名裂的下场。

五、敦煌女郎拜牵牛

古书中记载的大都是京城中皇宫和贵族的七夕风俗，关于民间的七夕风俗却记载得很少，因此，很难让我们了解古代民间一般老百姓是如何过七夕的。不过，保存在敦煌石窟中的一些文献却记载了很多当时的民间风俗，其中一首可能是出自五代时期的曲子词《喜秋天》，就反映了敦煌城里歌妓们在七夕之夜乞巧的风俗：

一更每年七月七，此时受□日。在处敷陈结交□，献供数千般。

□晨连天暮，一心待织女。忽若今夜降凡间，乞取一交言。

二更仰面碧霄天，参次众星前。月明夜□□周旋，

□□□□□。

诸女彩楼畔，烧取玉炉烟。不知牵牛在那（哪）边，望得眼睛穿。

三更女伴近彩楼，顶礼不曾休。佛前灯暗更添油，礼拜再三候。

会甚□北斗，渐觉更星候。月落西山观星流，将谓是牵牛。

四更缓步出门听，直是到街庭。今夜斗末见流星，奔逐向前迎。

此时为将见，发却千般愿。无福之人莫怨天，皆是少因缘。

五更敷设了□□，处分总交收。五个姮娥结高楼，那（哪）边见牵牛。

看看东方动，来把秦筝弄。黄针拔镜再梳头，遥遥到来秋。

由于年代久远，该词又是敦煌石窟中的写本，所以文字部分有所残缺，但并不影响后人欣赏词的美好。

欣赏过词后，就来看看歌妓们如何过七夕。夜色初上，歌妓们就搭香案，供香果，向织女祈愿。织女星虽然升起来了，但牵牛星却迟迟未现，乞巧女们在满天繁星中寻觅它的身影。到了三更，牵牛星依然不肯显露真容，乞巧女们心中焦虑，一次又一次在佛前虔诚祈祷，希望佛祖保佑能让她们见到牵牛星。到了四更，女伴们望眼欲穿，出门来到街庭，但牵牛星仍不肯现身，见不到牵牛星，众女们灰心丧气，只能悲叹自己命运不济，缘分不到，恐怕这辈子也无法遇到像牛郎这样忠贞不渝的郎君。夜已五更，眼看东方晓色已动，天就要亮了，牵牛星仍未出现，心灰意冷的众女们只得收拾香案，各回闺房，鸣筝寄情，对镜梳妆，唯有把希望寄托在来年的七夕上。

在这首曲子词中，织女星黄昏即已升起，而牵牛星却直到拂晓也未曾出现，这在天文学上自然说不通，两颗星星相隔甚近，在七夕的黄昏，牵牛和织女就已经隐隐可见，不至于像歌词中所说的那样织女星早就升起来了，而牵牛星还迟迟不出。不过，歌词刻意渲染牵牛之难见，却真实地反映了这些

|牛郎织女|

风尘女子对于美好姻缘的期待与渴望。歌妓们大概不需要像民家女子那样天天纺线织布，因此，她们在七夕之夜所祈求的与其说是织女般的心灵手巧，不如说是一个像牵牛一样的如意郎君。

六、宋代七夕花样新

到了宋代，朝廷下令废

除了坊市和宵禁，城市的夜生活盛极一时，城镇之中更是一片繁华，这一点从宋代名画《清明上河图》中就可知晓，宋代的七夕节就更是热闹非凡了。不过，宋代七夕较之以往出现了好多前所未有的新花样，比如摩睺罗、水上浮、谷板之类，都是新奇玩意儿，在当时的都城汴梁，每年七月初七之前的几天，都有专卖这些玩意儿的市场，就像现在过年前的年集一样。

汴京最热闹的七夕集市位于一条叫潘楼街的街道，

那里胡商聚集，有各种各样稀奇古怪的摊铺，出售的节日商品也是琳琅满目，其中有一种泥塑的玩偶最受追捧。这泥孩儿不是沉鱼落雁的美女，却一样可以倾国倾城，在宋代可以说是举国为之着迷，从贵族到平民没一个不喜欢这小泥孩儿的，在七夕祭献上，它还与那些传统的彩线瓜果相并列，供于牛郎织女面前。甚至，有些追求时髦的年轻人还把泥孩儿纹在身上。那时曾有一事，

| 泥孩儿 |

说是有个书生参加科举，复试的时候被考官发现身上纹了纹身，这纹身竟纹在这考生大腿间，其中就有个泥孩儿形象，可见泥孩儿在当时有多么受人追捧了。因为泥孩儿实在是太受欢迎了，后来就有好多手艺人给它穿金戴银，或是以象牙雕之，又或者把它做成关节可动的木偶娃娃。更夸张的是，就连宋朝的皇家祭祀典礼中也出现了泥孩儿的身影，宋神宗就曾在供奉历代祖宗的景灵宫内放置了泥孩儿。

也许有人要忍不住问，不知道泥孩儿到底是什么来历，竟然在宋代七夕节成了比织女星还吸引人眼球的"大明星"！这泥孩儿当然不是无名无姓的小毛孩儿，它的名字叫摩睺罗或称磨喝乐，看这名字应该不难想到，这泥孩儿不是本地人，而是从国外来的。宋代人也不知道它到底是从哪来的，许多后来人猜它来自印度的佛经，但是又说不清它到底是以佛经里的哪个角色为原型。不过，英雄不问出处，泥孩儿也一样，即使摩睺罗的来历众说纷纭，也抵挡不住它那俏皮可爱的样子，任谁见了都会喜欢，当时的人们又有谁还会去纠结它的身份呢？

除了泥孩儿之外，宋代还产生了许多有趣的小玩意儿，比如水上浮、谷板、种生等。水上浮就是用蜡做成鸳鸯、乌龟、小鱼之类的东西，再在上面画上漂亮的花纹，因为蜡比水轻，可以漂浮在水上。而谷板呢，则是拿一块板子，在上面铺上一层土，撒上些草种子，等过几天，种子发芽，长成一片小草地后，再放上一些微型民居、人物、动物之类的摆设，就变成了一个小小的村落，很像我们今天在博物馆看到的那种从古墓里出土的建筑模型。种生又叫生花盆，是把大豆、小麦之类的谷物种子放在一个瓷器内水培，等到它们发芽长到几寸长，再在上面系上红蓝色的彩带。

别看谷板和种生貌不惊人，其中可大有文章，它们很可能是从遥远的西域传来的，因为这种东西跟希腊神话中提到的"阿多尼斯花园"有几分相像。

阿多尼斯的故事在西方尽人皆知，他是希腊神话故事中一个掌管谷物的植物神，而且是个俊美高大的美男子，直至今日，英文中仍旧用他的名字来指代英俊的男子，当时，就连神界公认的大美女——爱与美之神阿芙洛狄特（罗马人都叫她维纳斯）也对他一见倾心。随后，这对俊男美女很快就坠入了爱河，可是好景不长，年轻的阿多尼斯在狩猎中被野猪咬死，阿芙洛狄特因此整日以泪洗面、郁郁寡欢，后来她为了让阿多尼斯重回世间，去冥府请求冥王让她的爱人复活，冥王当然不可能随便答应她的请求，最后在天神宙斯的干预下，冥王和阿芙洛狄特达成了一个协议，阿多尼斯可以重回世间，但是只有一年之中的一段时间，剩下的时间还是要待在冥府。就这样，阿多尼斯重生了，他在万物生长的春天回到世间，又在万物凋零的秋季回到冥府，仿佛世界因为他的回归而充满生机，又因他的离去而归于死寂，作为谷物神，他的生死轮回与农作物的生长周期是同步的。

在古希腊，有一个专属于阿多尼斯的节日，节日在每年夏至举行。在节日前后，女人们会为阿多尼斯布置一片微型花园，种上茴香、生菜、谷物等作物，这些作物生长得很快，枯萎得也很快，女人们将枯萎的作物视为阿多尼斯之死，于是为这个美男子伤心落泪。古希腊的阿多尼斯花园跟我们的谷板、种生是不是很像呢？

其实，世界上许多古老民族，比如埃及、中国，都有过类似的传说和习俗，虽然他们生活在世界各地，说着不同的语言，但是他们之间的文化却产生了奇妙的交汇、融合，或许种生、谷板这些玩意儿是从西方传来的，但牛郎织女的故事却是我们的先民所创，遥远的民族之间，风俗和故事如此相似，可真有些"心有灵犀一点通"的感觉！

多姿多彩七夕节

| 多姿多彩七夕节 |

说完了古代人怎么过七夕节，再来说说现代人怎么过七夕吧。现在的城市里，青年男女们已经把七夕节当成了情人节，每到七夕，跟西方情人节一样赠送玫瑰、巧克力，越来越丧失传统节日的韵味了，但是，在中国还有一些地方，仍保存着很多各具特色、充满民俗韵味的七夕风俗。

一、闽台七夕拜魁星

七夕节我国福建、台湾等地的人们不仅要拜织女，还要拜魁星。中国各地的七夕活动，大部分都是以女孩子为主角，而福建、台湾等地的七夕节，却有一种拜魁星活动，是专给读书的男孩子们准备的，也算是别开生面了。

在闽台地区，传说七月初七是魁星爷的生日，据说魁星主管功名，可以保佑读书的文人考中状元，是文人的保护神，我国许多地方至今还有供奉魁星的"魁星阁"和"魁星楼"。因此，每到七夕，女人拜织女乞巧，男人则要拜魁星求功名，男女分两厢，各拜各的神，互不相干。人们还要玩一个"取功名"的游戏助兴，游戏规则是以桂圆、榛子、花生三种干果，代表状元、榜眼、

|魁星图|

|五子夺魁图|

探花三甲，一人手握着三种干果各一颗，往桌上投，随它自行滚动，某种干果滚到某人跟前停止下来，那么，某人即状元、榜眼或探花；如投下的干果各方向都滚偏，则大家都没有"考取功名"，要重新再投；都投中，称"三及第"；只有其中一颗到某人跟前，其他人就要向这人敬酒一杯，敬酒的"落第考生"继续"求取功名"，而有了"功名"的则不参加。这样吃吃玩玩，一直玩到大家都有"功名"为止。最后要鸣炮、烧纸镪，魁星像也随之焚烧，然后大家才纷纷散去。在福建的一些地方，因为魁星和奎星发音相近，时常被人搞混，另外还因为奎字和蛙（畫）字相近，所以，士子们都戒食青蛙，以免因

此冒犯了魁星，导致考场失利。由此可见，在福建拜魁星风俗深入人心。

　　拜魁星的习俗起源于宋代，在清代蔚然成风，但是，魁星究竟是天上哪一颗星，却没有人说得清楚，宋代以后的学者大都认为魁星是北斗七星中的第一颗星星，即斗魁，但古代并没有斗魁主功名的说法。其实，拜魁星

| 书法魁星点斗 |

| 魁星 |

的风俗也是外来的。福建地处东南沿海，唐、宋时期，波斯、阿拉伯的商船都在福建的泉州登陆进行贸易，因此也带来了异域的风俗。波斯人、阿拉伯人崇拜天狼星，他们把天狼星视为文人的保

47

护神，中国的魁星就是波斯、阿拉伯的天狼星。至今我们在魁星庙里看到魁星爷的相貌，还是一副高鼻深目的样子，很像波斯人、阿拉伯人的长相。

二、广州七夕拜七姐

七娘会是广州七夕节的特有习俗，又称拜七姐，从清代流传至今。民国时期参加过七娘会的老人们说，在广州西关一带，尤为盛行"拜七姐"。

七娘会只有少女少妇才能参与，男子与老年妇女只能在一旁观看。七夕之前，要好的姐妹们会在一起提前准备"拜七姐"的各种物品，在六月份便要将一些稻谷、麦粒、绿豆等浸在瓷碗里，让它们发芽，待它们发芽后，便用红丝带或红纸带捆扎，陈列在供桌之上。临近七夕就更加忙碌，要凑起一些钱，然后请家里人帮忙，用纸扎起一座鹊桥并且制作各种各样精美的手工艺品。到七夕前夜，便是女子们大显身手的时候，在厅堂中摆设八仙桌，铺上精致的刺绣桌裙，再摆上各种各样亲手制作的花果制品及女红巧物，这就称之为"摆七娘"。还有用剪纸红花带围着的谷秧、豆芽盘，盘中着油灯或香烛，这叫"拜仙禾"，像极了宋代的谷板、种生；还有用七色彩纸裁剪成的小巧服饰，拂尘、梳妆镜、发簪、绣花鞋等一应俱全，一共七套，分别献给七位仙女；还有用蜡制成的腊梅花，做好后用绳子串起绑在梅树枝

上，看上去惟妙惟肖；还有用五谷粘砌而成的七层或九层斋塔，有祈求五谷丰登之意……总之，每个人都拿出了自己的看家本领。

到了七夕夜，女子们要尽情梳妆打扮，用天河水沐浴、洗头发，然后换上锦绸裙袄，头上梳起漂亮的发髻，鬓边别着一簇白兰花或者素馨花；然后还要画眉毛、抹脂粉、点绛唇、额上印花，并用凤仙花汁染指甲。经过一番精心打扮，她们一个个都如同天上的仙女下凡，然后她们围坐于八仙桌旁，进行各种节日活动：行令猜谜、穿针乞巧、指点着天上的牛郎星织女星讲述鹊桥故事、诗文典故等；有时候也会请来歌女，演唱粤曲和时兴歌曲等；这时人们可往各处人家参观乞巧桌陈设，每家每户都乐意让人随意参观。活动一直持续到半夜十二点，到了织女下凡的时辰，所有的彩灯都要亮起，香烛全部点燃，庭院里灯火辉煌，一片热闹的节日气氛，姑娘们兴高采烈，穿针引线，喜迎七姐，到处欢声笑语，喜气洋洋，最后姑娘们还要欢宴一番，然后才各自散去。

三、潮汕七夕出花园

出花园是广东潮汕特有的七夕风俗，是那里的成人礼。

现在在一些中学里，也会给学生们举行集体成人礼，不过那要等到18岁时举行。在潮汕，男孩儿、女

| 成人礼 |

孩儿们长到虚岁15岁就要举行成人礼了。七月初七一大早，出花园的活动就开始了。举行出花园仪式前，先要用石榴、桃花、月季、百日红、夹竹桃、杨柳、榕树、龙眼树等十二种新鲜花草泡的水沐浴，十二种花草洗去小孩子身上的孩子气，原本天真烂漫只知道玩耍的小孩子从此之后变成了大人。沐浴过后，父母会让小孩子把一枝带有吉祥意义的"石榴"花别在耳朵上，穿上舅舅送来的新衣和红木屐。自古以来，换新衣、新帽都是成人礼的重要一环，脱掉儿时衣，穿上新衣冠，就意味着一个人告别了童年，进入了成年；穿上红木屐，意在祝福孩子在未来的人生道路上，能够平平安安，一帆风顺。换衣

礼之后，要拜"床神"，又称"公婆神"。在床边放一个竹筶箩，里面装着猪头、鸡、鱼三牲和乌豆酒、红桃粿、发粿、薯粉丸等祭品，请出公婆神的神炉，插上三炷香，由出花园的孩子跪拜，公婆神是从小到大庇护着孩子健康成长的神，拜公婆神，是答谢他们的庇护之恩。这一次拜完，以后就再也不拜了，这一拜可就相当于告别了天真烂漫的孩提时代了。

另外，这天吃饭也有讲究，出花园的孩子们要坐上正位，饭桌上一定要有一只鸡，男孩是公鸡，女孩是母鸡，鸡头要冲向他们，并且要让他们吃了鸡头，别人才能动筷子，吃鸡头的意思是说，希望这些孩子们长大以后能够出人头地。

四、温岭七夕小人节

很多地方的七夕节都是给"大人"过的，而浙江温岭的七夕节则是给"小人"过的。这里的小人，不是指那些品行不端的小人，而是指那些个头小小，还没长大的孩子。

七月初七小人节风俗主要流传在浙江温岭的石塘、箬山一带，据说，这一习俗是三百多年前当地人的祖先从闽南地区带来的，潮汕、闽南、温岭都地处东南沿海，当地居民以捕鱼为业，沿海岸迁徙，所以就把七夕的风俗传到了各地。

当地人家如果家里有未满十六岁的孩子，每到七月初七，都要事先准备一座纸扎的彩亭或彩轿，或自己动手，或请手艺人扎制，家中有男孩儿就扎彩亭，女孩则扎彩轿，彩亭和彩轿均用竹条、彩纸、泥巴等原料扎制而成。彩亭或彩轿内部，还装饰了不少著名的戏曲故事人物，如《大闹天宫》、《白蛇传》、《八仙过海》里的人物等等，绚丽多彩，十分有趣。如果是年满十六岁的孩子，则要扎一座三层的"满金亭"，制作格外考究，除

| "小人节"祈福活动 |

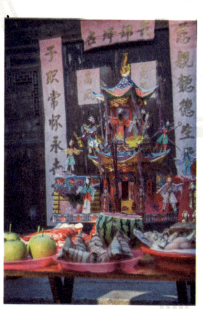

了各种戏曲人物，往往还要特意扎上一个书生样子的纸人，手拿雨伞，肩背书囊，正走在进京赶考的路上。

七月初七早上，大人们将供桌摆放在自家门前，在中间放上彩亭或彩轿，同时，在彩亭或彩轿前，摆上一壶老酒、七只酒盅，在托盘上摆上香蕉、梨、桃子、葡萄、桂圆、青橘、红枣、西瓜等各色瓜果，以及糖龟、鲎鱼、鸡等供品，如果家中孩子年满16岁，还必须吃鸡，这或许和潮汕出花园者吃鸡头是一个意思吧。然后上三炷香，叫小孩子许个愿望，再将彩亭或彩轿放在铁锅上焚烧，焚烧后的灰收拾起来倒在海里。

五、盛大的陇南七夕

地处甘肃陇南的西河县、礼县等地的七夕节的气氛格外隆重，不仅节日规模盛大，而且节期也格外长，要从七月初一一直过到七月初七，自始至终都伴随着各种祭祀、歌舞、游艺活动。

为了过七夕，当地的女孩子在七夕到来之前，就早早地动手准备了，在乞巧前半个月左右，每家姑娘都要选用不同的作物种子种"巧芽"，姑娘们一般都是在有经验的母亲、嫂子或姐姐的指导下，将豌豆、扁豆、玉米、小麦等作物种子放到瓷碗或其他器具里进行水培，经过十五天左右，碗中即长出细长的嫩芽。到了乞巧的时候，将巧芽由碗中取出，置于浅碟中，在芽上绑上三五道红绿色纸带，以备七夕之用。

陇南人将织女称为巧娘娘。乞巧要供巧娘娘，她是

|甘肃西和县巧娘娘（织女）雕像|

整个七夕乞巧活动的中心，巧娘娘是用五彩纸、蔑条、秸秆扎制而成的纸扎神像。旧时，每个村里总有几个心灵手巧、有经验的妇女或大龄姑娘会制作巧娘娘像。如今为图省事，多是在七夕之前，到当地纸活铺订制巧娘娘纸扎像。

每年乞巧前，首先要确定坐巧地址，坐巧就是由一家当庄家，将巧娘娘的纸扎像置于其家，整个七夕期间，这家就成了乞巧活动的主要场所。选定坐巧人家后，乞巧活动组织者马上联络姑娘们以壮大乞巧队伍。乞巧活动中，会举行各种不同的仪式，每种仪式都要求有相应的歌舞、曲调，因此，一起乞巧的姑娘们必须预先对"唱巧"的曲调、歌词、舞蹈进行统一演练。

农历六月三十日或二十

九日唱的是接巧娘娘的歌，姑娘们身穿漂亮衣服，成群结队地到城镇纸活铺"请巧"，边走边唱：

一根香，两根香，我把巧娘娘接进庄。

一根线，两根线，我把巧娘娘接进院。

一根绳，两根绳，我把巧娘娘接进门。

巧娘娘，驾云端，把我的巧娘娘请下凡。

巧娘娘像请到后，由一人用双手恭敬地、小心翼翼地举在胸前，在其他姑娘的簇拥、护卫下返回坐巧处，把巧娘娘供奉在事先布置好的神桌上，然后由乞巧组织者率领众姐妹向巧娘娘燃烛、上香、焚表，祭祀跪拜。

将巧娘娘接来后的两三天，唱的是梳头歌：

一碗油，两碗油，我给巧娘娘梳翻头。

前头梳了一只龙，后头梳了一座城。

桃花颜色弹口唇，口唇弹了一点红。

巧娘娘，驾云端，我把巧娘娘请下凡。

除此之外，还有许多不同的歌谣，每首歌谣都对应不同的活动，比如教线歌、转饭歌和取水歌等，足见陇南七夕的盛大。

陇南七夕的一个重要活动是到泉边或河边取新水，姑娘们抬着巧娘娘，端着用彩绳扎起来的巧芽，唱着取水歌，到泉边或河边，将巧芽的芽尖掐下来，放到水盆中，看巧芽的投影在盆中形成的各种形状，就可以判断自己是否求到巧了。据说手巧的求啥像啥，手笨者求啥不像啥。如果看到的像笔或者砚台，就意味着将来会嫁一个满腹诗书的如意郎君，如果看到的像个耕地的犁头，就意味着她将来会嫁一位勤劳能干的农家小伙儿。

到了晚上，要举行送巧仪式，姑娘们一边将巧娘娘点燃焚化，一边唱着忧伤的送神歌，与巧娘娘依依

惜别：

白手巾绣的是水仙，
一股子青烟升了天。
白手巾绣的一枝兰，
再也见不上巧娘娘面。
白手巾绣的竹叶梅，
巧娘娘一年来一回……

唱到伤心处，有的女孩子会情不自禁地哭泣起来，其他人受到感染，顿时哭成一片。整个七夕活动，在一种感人的哀伤气氛中落下帷幕。

牛郎织女出远门

| 牛郎织女出远门 |

一、日本的七夕节

日本文化深受中国文化影响，日本的七夕节就是从中国传入日本的，七夕节在日本又叫星节，日语中读作"tanabata"，意为织机，稍有不同的是，织女星在日本叫作织姬星，而牵牛星还有个别名，叫作彦星。

日本的七夕节原本与中国的七夕节在同一天举行，也就是农历的七月初七，但明治维新之后，日本废除传统农历，推行西洋历，把原本按照农历日期过的节日都改到了相应的阳历日期，七夕也从农历七月七日改到了阳历的七月七日，不过现如今日本各地却没有统一七夕节的日期，有些地方按照西洋历过七夕，有些地方仍沿用旧历，由于日本人重视盂兰盆节，而盂兰盆节是在旧历七月十五前后开始庆祝，因此有些地方也将七夕节与盂兰盆节合在一起庆祝。

七夕节在日本也是热闹非凡，每到七夕这天，日本各地都要举行各种各样的庆祝活动和祈愿活动，活动也是五花八门，例如：悬彩幡、挂灯笼、放焰火、游花车、还有丰富多彩的歌舞表演。在日本很多城市，七夕节已经发展成为一个盛大的庆典节日。日本最著名的七夕节庆场所有京都府的北野天满宫、香川县的金刀吡罗宫、神奈川县的平冢市和富山县的高岗市等。

日本的七夕，除了热闹之外，更多的是温馨。人们在祈求爱情之外，无论乡村、城市，七夕节还和古时一样，乞巧才是重头戏，只不过乞巧的主角从姑娘变成了孩子，这一点与中国的闽浙地区有点类似。七夕这天，大人和孩子聚在一起，在一种叫作"短册"的五彩长条诗笺上写下愿望，连同用纸做的彩球、风幡等装饰物一起挂在自家院内的竹枝上，以祈求愿望成真。这是日本特有的，它在江户时代产生，或许这也与日本的牛郎织女的故事有关系。

| 日本七夕节 |

传说牵牛趁着织女在河中沐浴时偷偷藏起了她的羽衣，织女上岸后找不到自己的羽衣，没有羽衣她就无法像别的仙女一样腾云驾雾，就回不了天庭。织女眼看自己回不了家，心中着急，她找到了牵牛，询问羽衣的下落。羽衣是牵牛藏起来的，他自然知道在哪，可是他看见织女沐浴的时候，心里就已经暗暗喜欢上了她，很不愿意让她离开，于是他就撒谎说自己不知道羽衣在哪，但是愿意帮助织女寻找羽衣。就这样，牵牛把织女带回了家，说是帮她寻找羽衣，实际上是想把她一直留在自己身边。

虽说牵牛骗了织女，不过对织女却是打心底喜欢，所以一直对织女倍加疼爱，

渐渐地，织女的一颗芳心被牵牛打动，并和他成婚，后来还有了儿女，一家人的小日子过得和和睦睦。

美满的家庭生活让织女都快忘记了找羽衣回天庭的事，然而，有一天，她却在不经意间发现了自己的羽衣，就藏在一个不起眼的角落。这时她才恍然大悟，原来牵牛一直以来都在骗自己！被自己最信任的丈夫欺骗，织女心里又伤心又生气，于是她决定穿上羽衣回天庭去。牵牛知道这事后，恳求织女不要离开，织女也有些心软了，但她还是决定要惩罚一下牵牛，于是就告诉他说："我现在回到天庭，并非再也不愿见你，只要你编一千双草鞋，并且把草鞋都埋在一棵竹子底下，那这棵

竹子就会长得高耸入云，这时候你爬上竹子，我们就能在天庭相会了。"说完这些，织女就穿上羽衣乘风飞去了。

为了重新再见到织女，牵牛日复一日地编着草鞋，并把编好的草鞋埋在竹子下面，等一切准备工作都做好以后，牵牛兴冲冲地爬上了竹子，一刻不停地爬到了最顶端，可是，爬到最上面却发现竹子短了一截，虽然天庭已经近在咫尺，却怎么也够不到。牛郎一想，坏了，自己只编了九百九十九双草鞋，还差一双，所以才到不了天庭，于是他只好呼唤织女，让织女把他拉上天庭。可他这一喊，不仅喊来了织女，还把织女的父亲天帝也给惊动了，天帝心想这小伙子不老实，骗了自己的女儿，不能便宜了他，就交给牵牛一项艰巨的任务，如果他顺利完成，就让他们重聚。

天帝的任务是让牵牛看守一片瓜田三天三夜，要片刻不离，不能进食不能喝水，更不能偷吃田里的西瓜。牵牛来到瓜田看守，可是对一个凡人来说，三天时间滴水不进、粒米未沾实在是困难，又渴又饿的牵牛还是忍不住偷摘了一个西瓜，结果，牵牛一摘下西瓜，瓜田立即变成一条波涛汹涌的大河，将他与织女远远地分开。但这时的织女早已经原谅了牵牛，只想与他重聚，便去求

自己的父亲让他们夫妻团聚，天帝心疼女儿，就答应她每年七月初七的时候让他们相见。

其实，牵牛偷羽衣被织女发现的故事也是起源于中国的，在中国很流行，后来流传到日本，在日本也变得家喻户晓。

如果七夕节的时候你走在东京的街头巷尾，你就会看见家家户户门口都立着挂满许愿诗笺和五彩风幡的竹枝，随风飞舞，分外妖娆，这种竹枝往往生得特别细长，如果是在古时住平房，人们会架梯爬上屋顶，把竹枝立在上面，那竹枝足足有两层楼高，家家户户如此，远远望去，颇显壮观。

关于七夕节竹枝，还有一首流传已久的歌谣：

|日本七夕节|

沙沙的声音是竹叶在哗哗地摇

星星一闪一闪好像金砂银砂

我买来五彩诗笺在上面许下愿望

星星一闪一闪在天空中看着

日本有些地方还流传着七夕供织女的风俗，七夕之夜，在院子里摆上玉米、梨等供品，向织女祈愿，请求织女保佑自家孩子的书法、裁衣等手艺不断精进。祈愿庆典结束后，把这些供品放进河里，让它们顺水漂走，古代日本人跟中国人一样，相信地上的河流与天河是相通的，祭品顺水漂流，最终会漂到天河，抵达织女居住的天宫。

| 日本七夕节 |

日本的七夕还有一个习俗，就是人们会到商店购买或是自己动手用黏米制作小点心来吃，这些点心一个个做得都精致可爱，有竹叶形状的点心，还有用竹叶包着的年糕等。吃这个小点心是有讲究的，一来是喜鹊搭的桥怕不结实，为了保障牛郎织女的安全，要弄些黏的东西来把桥黏得结实点儿；二来是牛郎织女好久不见，难免有些情不自禁，喜鹊们看在眼里，不免七嘴八舌、议

| 竹叶糕 |

论是非，为了不影响鹊桥内部的安定团结，也要弄些有黏性的东西把那些叽叽喳喳的嘴巴黏起来。

二、韩国的七夕节

中国的七夕节也传到了朝鲜半岛。

据朝鲜史书记载，高丽王朝时，恭愍王跟蒙古王后一起祭拜牛郎星和织女星，并在那天把俸禄赐给百官们。到了朝鲜王朝时，则在宫廷里摆宴会，给儒生们实行节日制的科举。

七夕当天早晨，韩国妇女们要把香瓜、黄瓜等瓜果放在桌子上供奉，并下跪磕头祈求织女能让女人们织布的手艺越来越好，同样，她们也有"喜蛛应巧"的说法。七夕这天，韩国还有一些其他的风俗，比如：她们会在酱缸台上面摆放着"井华水"，也就是早晨担的第一桶井水，在盘子里装着灰，抹平了放在水桶上面，祈求自己有好手艺，第二天早晨，如果在灰上出现了什么痕迹，就意味着织女听到了她们的祈愿。

韩国人也有曝衣晒书的习惯，韩国古籍上记载，人们会通过晒出衣物的多少来相互比较，晒得多的就是生活好的人家，反之则是穷人家。看来七夕晒衣物，从来都跟"晒幸福"密不可分呢。

当然，韩国也有和中国不同的七夕节风俗，最具代表性的风俗就是祭祀，祭祀可分为家庭祭祀和集体祭祀两种。女性要在祭台上放上干净的井水，牛郎织女不再成为祭祀的对象，她们主要是为了祈求亲朋好友的平

|泡菜煎饼|

安。七夕正当初秋，农作物即将收获，因此，七夕这天，韩国有些地方会举行祈求丰收的田祭。此外，韩国七夕节还要吃一些特殊的食物，比如煎饼和蒸糕。韩国煎饼，虽说叫煎饼，但是与中国的煎饼大不相同，有海鲜葱煎饼、绿豆煎饼、泡菜煎饼等。

韩国七夕节神话传说与中国也有些不同，其实，在最早的《诗经》里，牛郎就是一个放牛的穷小子。但是，在韩国的传说中，牛郎是驾

着牛车与织女相会的，这比中国的牛郎威风多了；还有一点不同，中国民间传说中，牛郎是用扁担挑着一对儿女，可是韩国人的传说中牛郎却是用肩背或是头顶。

韩国还流传着一些跟中国类似的七夕传说，比如说，如果七夕之夜下起毛毛细雨，韩国民间称其为"洗车雨"，传说牛郎在与心上人相会前，会仔细清洗牛车，这场雨就是从牛车上滴落的水所化；如果第二天早上下雨，则被称为"泪洒雨"，传说是牛郎与织女相会之后，不忍分别，依依惜别的泪水化作的雨水。

图书在版编目（CIP）数据

七夕节 / 刘宗迪编著. -- 哈尔滨 ： 黑龙江少年儿童出版社，2017.12（2021.8 重印）
（记住乡愁：留给孩子们的中国民俗文化 / 刘魁立主编）
ISBN 978-7-5319-5610-5

Ⅰ. ①七… Ⅱ. ①刘… Ⅲ. ①节日－风俗习惯－中国－青少年读物 Ⅳ. ①K892.1-49

中国版本图书馆CIP数据核字(2017)第328115号

记住乡愁——留给孩子们的中国民俗文化　　　　　刘魁立◎主编

七夕节 QIXIJIE　　　　　刘宗迪◎编著

出版人：商　亮
项目策划：张立新　刘伟波
项目统筹：华　汉
责任编辑：张愉晗
整体设计：文思天纵
责任印制：李　妍　王　刚
出版发行：黑龙江少年儿童出版社
　　　　　（黑龙江省哈尔滨市南岗区宣庆小区8号楼 150090）
网　　址：www.1sbook.com.cn
经　　销：全国新华书店
印　　装：北京一鑫印务有限责任公司
开　　本：787 mm×1092 mm　1/16
印　　张：5
字　　数：50千
书　　号：ISBN 978-7-5319-5610-5
版　　次：2017年12月第1版
印　　次：2021年8月第3次印刷
定　　价：35.00元